E. LONCHAMPT

DUPLEIX

ET LA

POLITIQUE COLONIALE

SOUS LOUIS XV

24 JANVIER 1886

REIMS

IMPRIMERIE & LITHOGRAPHIE MATOT-BRAINE

6, RUE DU CADRAN-SAINT-PIERRE, 6

1886

DUPLEX

ET LA

POLITIQUE COLONIALE

SOUS LOUIS XV

EMILE LONCHAMPT

DUPLEX

ET LA

POLITIQUE COLONIALE

SOUS LOUIS XV

CONFÉRENCE

FAITE A PARIS, LE 24 JANVIER 1886

REIMS

IMPRIMERIE ET LITHOGRAPHIE MATOT-BRAINE

6, Rue du Cadran-Saint-Pierre, 6

—

1886

DUPLEX

ET LA

POLITIQUE COLONIALE

SOUS LOUIS XV

Mesdames,
Messieurs,

Un jour, après la lecture d'un de ces épisodes glorieux dont notre histoire nationale est remplie, le cœur s'échauffe, la tête aussi, l'on se dit : quelle belle épopée et quel magnifique sujet pour une conférence ! Et si, poursuivant le récit, votre héros a été desservi, abandonné, vaincu, oublié, cette injustice de la célébrité a quelque chose qui vous indigne, et c'est à ce sentiment tout entier que j'ai obéi quand j'ai formé le dessein de vous rappeler ce qu'a fait le grand Duplex !

Les Indes, ce continent mystérieux qui descend comme une frange immense dans l'Océan auquel il a donné son nom, furent, dès leur découverte, un vaste champ où se rencontrèrent et se heurtèrent bientôt les intérêts des grandes puissances maritimes, telles que la France, la Hollande, le Portugal et l'Angleterre.

Les premières tentatives françaises faites pour pénétrer

et commercer dans les Indes, remontent à Louis XII. A cette époque, il fut organisé une expédition qui partit de Rouen ; malheureusement elle échoua, les vaisseaux qui la composaient firent naufrage.

Ce ne fut que sous Colbert qu'un nouvel effort plus sérieux fut tenté. Une Compagnie commerciale, due à l'initiative privée, fut créée pour le trafic et le commerce des Indes sous le nom de « Compagnie des Indes », au capital de quinze millions de livres. Dans le traité passé avec Colbert, l'Etat s'engageait à lui rembourser les pertes en navires, pendant un espace de dix années ; elle jouissait du privilège exclusif du commerce pendant cinquante années, du monopole des tabacs et loteries, et l'Etat lui avança trois millions de livres, ce qui donna un exemple à l'épargne privée qui souscrivit bientôt avec empressement, et de tous côtés surgirent également des offres d'émigration.

La Compagnie organisa une expédition pour Madagascar, alors île Dauphine ; elle y débarqua un contingent d'émigrants.

Le climat, les guerres qu'ils eurent à soutenir contre les indigènes les décimèrent, et les débris de ces émigrants gagnèrent les deux îles qui devaient devenir plus tard l'île Bourbon et l'île de France.

Quelques années après, la Compagnie des Indes eut la bonne fortune d'avoir à son service un hollandais du nom de Caron, lequel aidé du persan Marcara fut chargé d'une expédition aux Indes, et créa un comptoir français à Surate.

Il fut rappelé en 1673 et remplacé par François Martin, homme simple et énergique qui devait former l'embryon de cette puissance dont l'épanouissement était réservé à Duplex.

Martin obtint en 1676 de Chircam-Loudi, gouverneur vassal du roi de Visapour la concession gracieuse d'un coin de terre qui devait devenir Pondichéry. Et le 15 juillet 1680, cette concession fut maintenue et fortifiée par un firman du général Raganat Pendy sous l'autorité du rajah Sivagy.

Nos droits sur Pondichéry sont donc incontestables et ne ressemblent en rien au droit de conquête, d'extorsions violentes que les Anglais devaient appliquer plus tard aux Indes.

Martin jeta les premières assises de Pondichéry, mais la jeune cité eut une enfance orageuse ; à cette époque du règne de Louis XIV, nous étions en guerre avec la Hollande et en 1693, les Hollandais vinrent bloquer la ville avec 19 vaisseaux de ligne, 4,000 hommes, un corps de Cinghalais et 16 canons.

Martin n'avait à leur opposer que 6 canons et 40 européens : la ville dut capituler.

Le traité de Ryswick (21 septembre 1697) nous la rendit et Martin fut nommé commandant de la place. Il comprit que pour parer à de nouvelles luttes, il lui fallait réunir de grands approvisionnements : plusieurs pièces de fort calibre furent installées et 800 soldats européens formèrent la garnison.

Martin mourut en 1706, Pondichéry comptait 40,000 habitants ; quelques années auparavant il avait créé un nouveau comptoir au pays d'Ougly, à Chandernagor, mais les ressources de la Compagnie des Indes étant à peu près épuisées, cette situation entraîna un ralentissement d'extension.

Pourtant un édit du roi de 1719, réunissait et fondait en une seule Compagnie, les Compagnies de Chine, du Sénégal et des Indes, et Duplex fut envoyé à Pondichéry en 1720, avec le titre de *premier conseiller du conseil supérieur et commissaire ordonnateur des guerres*.

Les historiens ne sont pas d'accord entr'eux sur la date de la naissance de notre héros. Bouilhet le fait naître en 1690.

Sachot qui a écrit *La France et l'Empire des Indes*, dit qu'il naquit le 1ᵉʳ janvier 1697. Cette dernière date est certaine. Il est né dans la petite ville de Landrecies (dans le Hainaut resté Français), quoique Michaud, dans sa biographie universelle, fasse lire qu'il est né sur les bords de la Seine.

Voici l'acte de baptême, trouvé dans les archives de la ville de Landrecies et que j'ai pu transcrire ; il est ainsi conçu :

Le premier de janvier 1697 a esté baptisé un fils du légitime mariage de M. François Duplex et damⁱⁱᵉ Anne-Louyse de Massac, lequel a esté nommé Joseph-François. Le parrain, M. François-Joseph Salmihen, pour et au nom de M. Joseph Le Gindre, escuyer seigneur d'Armini, intéressé dans les fermes générales de Sa Majesté et général des poudres et salpêtres. — La marraine, damⁱⁱᵉ Claude-Jeanne de Massac.

Signé : SALMIHEN, DE MASSAC.

Son père était fermier général, absolument habitué aux notions concrètes ; c'était un chiffre vivant et le jeune Duplex avait souvent de son père de vertes et maussades remontrances. Il lui était reproché de ne pas comprendre les choses au point de vue du rapport et du profit. Avec l'âge, les désaccords grandirent ; la parcimonie paternelle, n'ayant pu vaincre les goûts élevés et indépendants de ce fils qu'on accusait d'être un fieffé prodigue, il s'en suivit une rupture et le fils ambitieux d'un autre idéal que celui de son père, partit sur son ordre à Saint-Malo.

A cette époque, les Malouins, hardis marins, rayonnaient sur toutes les mers. Le jeune Duplex allait pouvoir donner libre carrière à son amour des aventures, au sentiment de la liberté ; il fit un voyage en Amérique.

Au retour de ce voyage, l'édit du roi de 1719 ayant donné

une nouvelle impulsion à la Compagnie des Indes, Duplex y fut envoyé avec le titre de commissaire des guerres, cité plus haut.

Son père avant son départ écrivit à un ami pour le prier d'acheter un trousseau à son fils ; il lui donnait le détail précis de chaque chose, en en spécifiant le nombre exact, et arrivé au linge, il ajoutait une ligne pour bien recommander qu'on n'achetàt pas de linge fin, ce qui est inutile en mer, disait-il.

Lenoir était alors gouverneur de Pondichéry ; il sut apprécier Duplex et lui donna son amitié; il le chargea de la rédaction des dépêches ; ils prévurent ensemble l'importance qu'il y aurait à créer un commerce d'Inde en Inde — pour me servir de l'expression des mémoires du temps — d'utiliser les fleuves, comme de grandes routes, pour aborder les marchés intérieurs, en s'installant à leur embouchure.

En 1730, Duplex était gouverneur du comptoir de Chandernagor à 400 lieues de Pondichéry ; ce comptoir qui était dans un grand état d'abandon, compta bientôt, sous son énergique impulsion, plus de 10,000 maisons en briques. 72 navires composèrent une flotte qui commerça jusqu'aux ports de la Chine et les îles Philippines.

Leurs affaires devinrent à ce point prospères, fructueuses, que le père de Duplex n'hésita pas à s'associer ; c'est peu après cette époque qu'il mourut, lui laissant une fortune considérable.

En 1735, Lenoir rentra en France, remplacé par Dumas; ce gouverneur obtint Karikal en 1738, territoire qui fut cédé pour services rendus au roi de Tanjaour : c'est de cette époque que date notre immixtion dans les divisions des princes indiens et c'est aussi là le point de départ de la fortune de Duplex, qui était le conseiller de Dumas et l'instigateur de cette politique.

Quand ce dernier se retira, Duplex, par sa réputation autant que par sa fortune personnelle, était désigné pour lui succéder ; aussi fut-il nommé gouverneur de Pondichéry, avec la présidence du Conseil, le 1er janvier 1740.

Effectivement Duplex ne tarda pas à devenir en maintes occasions le banquier de la Compagnie des Indes; les envois d'argent se faisant quelquefois attendre et des nécessités absolues comme imprévues, l'obligeaient à cette initiative — il l'avait été déjà dans son gouvernement de Chandernagor, — témoin cette dépêche officielle du ministre Orry à la date du 20 novembre 1735 : « Je ne doute » pas que vous ne fassiez de même, lorsque la Compagnie » ne se trouvera pas suffisamment en état de vous envoyer » ce qui vous sera nécessaire. »

Duplex, nommé gouverneur général, épousait le 17 avril 1741, la veuve d'un conseiller de la Compagnie, née aux Indes, femme d'un grand cœur et d'une grande intelligence, et qui a été la compagne aimée de toutes les pensées de ce grand homme dans la fortune et dans le malheur. Etant créole, elle possédait complètement les idiomes, les dialectes indiens, et connaissant les intrigues des cours asiatiques, elle seconda Duplex dans des négociations délicates et difficiles ; elle réunissait en outre les plus séduisants dehors et elle est restée connue aux Indes sous le nom de Joanna begoùm : la princesse Jeanne !

Duplex obtint de la Compagnie des Indes des pouvoirs supérieurs à ceux de ses devanciers, notamment il était dispensé de référer aux avis du Conseil de Pondichéry et les pouvoirs dans lesquels il devait se limiter formaient l'objet d'instructions absolument privées.

Il songe tout d'abord — cette idée lui est personnelle — à mettre Pondichéry en état de défense, il en agrandit les remparts vers la mer, côté faible de la place.

Ses soins se portent aussi sur la réforme du personnel

de la Compagnie, qu'il fallait réduire par mesure d'économie urgente, il s'en acquitte avec tact, avec fermeté ; au reste dans cette période qui suivit sa prise de possession de la direction de nos établissements dans l'Inde, il vécut en parfaite harmonie d'idées avec les directeurs de la Compagnie ; au surplus, la tâche lui en était aisée.

Ses prédécesseurs, Dumas, Lenoir, d'autres négociants de retour des Indes le connaissant, savaient à quel homme ils avaient laissé la direction de leurs intérêts.

Jusqu'à lui pourtant, personne n'avait compris la nécessité qui s'imposait de créer une force militaire, absolument nécessaire pour se maintenir dans un pays où les luttes incessantes des rajahs turbulents, mettaient constamment en péril l'existence même de la Compagnie dont il était le lieutenant.

Un autre point noir lui apparaissait : c'était Madras, chef-lieu des établissements de la Compagnie Anglaise, et son regard, moins mercantile que patriote, envisageait l'avenir chargé de tempêtes !

Au reste avait-il le pressentiment de luttes terribles à venir ?

Il se mit à l'œuvre entièrement, résolument.

Il était à ce travail, quand, au mois d'octobre 1744, notre colonie apprit la nouvelle de la guerre entre la France et l'Angleterre.

On doit se représenter l'anxiété de ces fils de France, ne voyant arriver aucun secours, sondant, des jours entiers, l'horizon de la pleine mer !... Rien !...

Si... pourtant un jour, une flotte apparaît : c'était une flotte anglaise commandée par l'amiral Bumel !

C'est à ce moment que Duplex abandonné de la mère-patrie sut, par son énergie ne pas désespérer ; il organise la résistance avec le sang-froid dont il ne se départait pas, il inspire la confiance à tous, les Indiens qu'il a su ménager et flatter lui fournissent un précieux concours, et bientôt la ville est en état de défense. L'amiral anglais perd un instant précieux dans l'inaction, Duplex intrigue auprès des rajahs indiens et l'un d'eux s'avance même sur Madras en le menaçant d'un sac complet.

D'un autre côté, un auxiliaire puissant mettait le temps à profit, c'était La Bourdonnais, gouverneur des iles de France et de Bourbon, officier de grand mérite, dont la conduite a été l'objet d'opinions bien différentes; la plupart le louent ! Mais j'y reviendrai après le récit de son action militaire.

La Bourdonnais n'ayant aucun navire de guerre se mit à en construire et à armer les navires marchands que Duplex lui avait envoyés en grande hâte ; il réquisitionna les colons, les tailleurs firent les voiles, les serruriers fabriquèrent des affûts de canon. Bientôt une flotte nombreuse parut dans les mers des Indes et elle détruisit les navires anglais.

La flotte anglaise débloqua précipitamment Pondichéry pour se réfugier à Madras et La Bourdonnais jeta l'ancre devant cette première ville, le 8 juillet 1746.

C'était un premier succès. Malheureusement, La Bourdonnais qui était un soldat de fortune, aventurier doublé d'un caractère de marin, était incapable de comprendre les grandes visées de Duplex, qui voulait que son lieutenant marchât sur Madras, chef-lieu des établissements anglais, car son rêve était de chasser les Anglais de l'Inde. Celui-ci temporisa, les rapports devinrent difficiles entre ces deux hommes dont l'union pourtant était si nécessaire au succès définitif.

La Bourdonnais était violent et sans éducation ; Duplex n'obtint la mise à la voile pour Madras qu'après les plus longues hésitations de la part de La Bourdonnais et lui avoir écrit : « combien pour sa part personnelle il comprenait l'importance de leur union et qu'il ferait tout pour s'appliquer à la réaliser. »

Duplex avait dégarni complètement Pondichéry de canons et d'hommes pour renforcer la flotte de La Bourdonnais.

Madras comptait 250,000 habitants avec ses dépendances et sa garnison comptait 300 hommes, plus 200 soldats et un petit corps de cipayes logé au fort Saint-Georges.

Madras surpris, incapable de se défendre, capitule le 20 septembre ; les Anglais, dans leur frayeur, omettent de demander le double de l'acte de capitulation.

La Bourdonnais, désobéissant aux ordres formels de Duplex, signe un traité par lequel il s'engage à rendre la ville, moyennant le paiement d'une forte indemnité de guerre. Duplex, à juste titre indigné, refuse de ratifier ce traité ; il essaie par tous les moyens que dictent un patriotisme éclairé, de convaincre La Bourdonnais de l'énormité de la faute qu'il commet... Rien... Celui-ci répond comme un soudard qu'il est, aux premiers commissaires qui lui sont envoyés : « qu'au besoin, il fera embar-
» quer sur ses navires le contingent de Pondichéry et
» qu'il le transportera à l'ile de France ! »

Duplex espère encore ! Il envoie à La Bourdonnais deux officiers porteurs d'ordres lui infligeant des arrêts et devant s'assurer de sa personne. Il les insulte et les emprisonne. Les choses en étaient là, c'était le 15 janvier, quand La Bourdonnais prit le parti de regagner l'ile de France, sans se demander si son départ n'allait pas laisser Duplex dans une situation critique.

En arrivant à l'ile de France, il y trouva un nouveau gouverneur et l'ordre de rentrer en France. En faisant route, un hasard peut-être cherché, le fit prisonnier des Anglais ; à Londres, il fut reçu avec le plus grand accueil, et de là il vint en France pour répondre aux accusations portées contre lui.

Enfermé deux années à la Bastille, c'est de là que par ses libelles mensongers il s'attaque à Duplex, qu'il accuse et calomnie ; pour donner plus de crédit à sa défense, il se fait passer pour une victime, il dit qu'il en est réduit à écrire avec un morceau de cuivre roulé, qu'il trempe dans du café, — ce qui ferait croire qu'on n'était pas trop mal nourri à la Bastille, — en se servant de son mouchoir trempé dans de l'eau de riz, comme papier.

Toutes ces doléances eurent cours sur l'imagination populaire de l'époque.

Des historiens, tels que Hubault et Marguerin, disent, en parlant de Duplex : « Il eut la faiblesse d'être jaloux » du vainqueur de Madras. »

Mais ce qu'ils ne disent pas et ce qu'ils devraient dire, c'est que le colonel anglais Malleson a écrit que La Bourdonnais a été acheté par les membres du Conseil de Madras, moyennant 1 million de livres, pour la restitution de la ville.

Et on fera bien, l'honneur à la mémoire de Duplex, de croire qu'il ne pouvait être jaloux d'un traître ! lui si fidèle aux ordres secrets reçus du roi, lui enjoignant de garder Madras et qui pouvant, d'un seul mot, réduire à néant les accusations portées contre lui, laisse par raison d'Etat planer un doute sur son honneur, et ce n'est que 20 ans après, dans la suprème revendication de son droit et de sa fortune que nous lisons dans ses mémoires justificatifs sous le titre : *Mémoire au Conseil, pour le sieur Joseph-François Duplex 1763* :

« Mais le sieur Duplex respecte trop les ordres du minis-
» tère et ceux de la Compagnie, pour oser publier ici ce qu'il
» lui a été enjoint d'ensevelir dans le plus profond secret, et
» quelque intérêt qu'il puisse avoir de justifier une conduite,
» qu'il n'ignore pas que beaucoup de personnes ont condam-
» née, ce motif, tout puissant qu'il est, le cèdera toujours à
» la loi du devoir. »

La Bourdonnais parti, Duplex restait seul, ne devant compter que sur ses faibles ressources, et les Indiens au nombre de dix mille, sous la conduite du nabab d'Arcot s'avançaient sur Madras; Duplex y envoie 200 hommes de renfort et Dieu sait quels soldats c'étaient, il l'a dit lui-même « un ramassis de coquins » que la Compagnie lui expédiait chaque année, sous forme de contingent.

La petite troupe française rencontre et bat l'armée du nabab à Saint-Thomé. Duplex fait raser les remparts de Madras et déclare la ville possession française, et comme il restait un dernier refuge aux Anglais à Saint-David, il en fait le siège ; la place est à la veille de succomber quand il apprend que l'amiral anglais Boscawen, avec 30 navires et 8,000 hommes, la plus formidable flotte qu'on ait encore vue dans les mers de l'Inde, paraissait en vue de Pondichéry; force est de lever le siège de Saint-David, on revient à Pondichéry; les Anglais ouvrent la tranchée le 30 août 1748.

Duplex dirige la défense, comme il l'avait fait au siège précédent, en payant de sa personne ; il y est blessé par un éclat de bombe ; les vaisseaux anglais maltraités par les boulets de Duplex, la saison des pluies et de la mousson arrivant, l'amiral anglais dût lever le siège en laissant un millier de morts et 10 pièces de canons sur la plage. Les débris de cette flotte allèrent se réfugier sous le fort Saint-David, dernier rempart de la puissance anglaise vaincue aux Indes.

Duplex poursuivant son but, mobilise immédiatement un petit corps d'armée pour marcher sur Saint-David, quand des vaisseaux de France arrivent portant la signature du traité d'Aix-la-Chapelle qui rendait Madras aux Anglais.

Ce nouveau crève-cœur ne l'abat pas ; il connaissait les Anglais et savait que cette paix n'était qu'apparente, que tôt ou tard leur duplicité ferait renaître la lutte, plus vive, plus acharnée.

Ne pouvant réaliser de suite le rêve de les expulser, il résolut avec une merveilleuse audace d'agrandir les possessions françaises dans les Indes.

L'Empire Mogol n'était plus qu'un vaste chaos où l'anarchie régnait et les descendants du grand Tamerlan étaient constamment en compétition les uns contre les autres.

Aux Indes, la succession au trône n'est pas réglée par le droit d'aînesse; il n'est pas rare que le petit-fils soit le rival de son aïeul et le neveu celui de l'oncle. Tous ces prétendants ont recours au sort des armes qui décide.

Comme institutions, ce vaste empire qui compte plus de 300 millions d'âmes se divise en castes; il y en a quatre : au sommet le brahmane ou prêtre, en second lieu les princes et chefs militaires des tribus conquérantes, en troisième lieu, les Vaïcyas, le peuple, les artisans, et en quatrième lieu, les parias, les vaincus, figurant pour le quart de la population indienne. Les castes sont héréditaires; par la croyance à la métempsycose qui est le fond de la religion indienne, chacun par l'accomplissement de son devoir a l'espérance de s'élever dans une vie future à une caste supérieure. Le gouvernement est un gouvernement despotique, mitigé par les lois religieuses. Comme administration, il n'y a que les offices publics chargés de la guerre et de la perception des impôts.

Dans les communes, il y a douze fonctionnaires, un juge, deux gardiens : l'un du village, l'autre des champs, un astrologue chargé de prévoir le temps favorable aux semailles, un blanchisseur, un forgeron ; le partage des biens s'y fait à peu de chose près, comme en Europe, les enfants héritent au même titre, la femme ne peut se remarier sans honte et l'homme considère comme un grand malheur s'il meurt sans enfants mâles ; les lois civiles diffèrent peu des nôtres, on y reconnaît la filiation de la grande famille indo-européenne.

Joignez à ceci un pays admirable à la végétation luxuriante, se couvrant deux fois par année de riches et abondantes moissons; des fleuves, et, parmi eux, majestueux, le Gange sacré, portant à cette terre exhubérante de vie, la fraîcheur, la fécondité ; des bois d'orangers, de myrtes et de lauriers; des fleurs éclatantes et parfumées; des oiseaux multicolores aux formes gracieuses ou étranges; d'immenses forêts d'arbres géants entrelacés de lianes inextricables, retraite impénétrable à l'homme où vivent libres et fiers dans leur sauvage beauté, le rhinocéros, le tigre et le lion.

Pays splendide où le soleil superbe fait étinceler les eaux des mers et des fleuves et les sommets neigeux de l'Himalaya, où la nuit transparente baigne d'une douce lumière les pyramides sculptées des pagodes de Brahma, le dieu myriapode et les blanches terrasses des palais aux colonnes de marbre, où murmurent les eaux jaillissantes des fontaines retombant en perles limpides sous le ciel étoilé.

Pays des élégies étranges, que des brahmanes psalmodient dans l'assonnance bizarre d'une paresseuse mélopée !

Voilà ce que Duplex allait donner à la France et que souille maintenant de sa trace impure la chenille anglaise !

Le nabab du Carnatic et celui du Decan étaient à leur avènement, vassaux de l'empereur de Delhi. Ils étaient devenus indépendants.

A leur mort, leurs fils aînés se virent disputer la succession par Chanda Saïb et Mirzapha Djung; les deux prétendants sollicitèrent l'appui de Duplex qui ne demandait qu'une pareille occasion. Une alliance fût signée et le comte d'Auteuil avec 400 européens et 2,000 cipayes, alla rejoindre l'armée des deux prétendants forte de 40,000 hommes. Une bataille est gagnée à Ambour, le fils aîné du nabab du Carnatic (le rival de notre allié) est tué et le fils aîné du nabab du Decan s'enfuit et se réfugie à Trichinapali, forteresse imposante située à 36 lieues de la côte, au sommet d'un roc de granit de 200 mètres de hauteur, avec double muraille.

Les vainqueurs, au lieu de l'y suivre et de l'y assiéger, perdent un temps précieux, malgré les pressantes observations de Duplex.

Sur ces entrefaites, l'empereur de Delhi donne l'ordre à Nazir Djung, son vassal, de réunir une armée considérable, de vaincre les deux prétendants et de marcher sur Pondichéry.

Le péril était grand, car une armée de 300,000 hommes, 1,300 éléphants traînant 800 canons, se mit bientôt en marche.

On eût dit que l'Inde tout entière s'ébranlait.

Duplex connaissait la force que donne la discipline des armées européennes et n'ignorait pas le côté faible de ces immenses agglomérations humaines, ne parcourant que dix lieues en quinze jours et offrant un front de bataille de plus de sept lieues. Des deux prétendants alliés, Chanda Saïb recule avec ses troupes et Mirzapha fait sa soumission à son oncle qui le charge de chaines.

Malheureusement, les soldats qu'avait Duplex ne pouvaient être disciplinés, comme il eut été nécessaire ; dans leurs rangs se coudoyaient des aventuriers mêlés à des officiers cadets de noblesse et à la veille d'en venir aux mains avec Nasir Djung. Le 3 avril 1750, une mutinerie suivie d'une défection, faillit tout compromettre.

Nasir Djung est bientôt devant Pondichéry, mais telles étaient les ressources du génie de Duplex qu'il sut faire tourner à son profit, même cet événement fâcheux.

Pendant qu'il reforme ses troupes mutinées à Pondichéry, il négocie, il temporise, il gagne du temps !

Il fait croire à Nasir Djung qu'il est tout désireux de reconnaitre sa puissance, qu'au fond il est plutôt désigné pour être son allié ; il cite Trichinapali en disant que c'est lui qui n'a pas voulu qu'on attaquât cette place immédiatement après le succès d'Ambour, il cite comme preuve aussi, la retraite de son armée à Pondichéry. Les plénipotentiaires de Duplex font de fréquentes visites au camp de Nasir, ils s'y créent des intelligences, ils y organisent des complots avec les rajahs indiens.

Pendant ce temps, Duplex agit ; il charge le marquis de Bussy qui devait devenir pour lui un précieux auxiliaire par la suite, de traverser le Carnatic et de s'emparer de la citadelle de Gingi. Ce fait d'armes fut un des plus brillants de la guerre des Indes : avec quelques centaines d'hommes, ils escaladent les rochers, un combat corps à corps s'engage et dure presque toute la nuit ; au jour, les vainqueurs sont étonnés d'eux-mêmes, ils ne peuvent croire qu'ils aient pu franchir de pareils obstacles. De Gingi, Bussy marche sur Masulipatam ; le nabab Nasir Djung, effrayé de voir sa retraite menacée, lève le camp pour se diriger sur Gingi.

Ce fut dans cette retraite, le 15 décembre 1750, que La Touche avec 300 européens et 3,000 cipayes eut l'audace d'attaquer cette armée qui rappelait les masses de Darius. Nasir Djung étonné, n'en peut croire ses yeux, il ordonne qu'on mette à mort son neveu, il reproche à ses nababs leur lâcheté, quand l'un d'entr'eux l'étend raide mort d'une flèche, sur son houdah ; la défection est complète, la victoire est achevée. « C'était, a dit Voltaire, une journée » supérieure à celle des 300 Spartiates au pas des » Thermopyles, puisque les Spartiates y périrent et que les » Français furent victorieux. »

Le neveu, Mozuffer Djung, est proclamé nabab. La face des choses était retournée ; Duplex faisait et défaisait des nababs indiens comme Warvick, le faiseur de rois.

Duplex avait conquis un empire à la France ! A l'endroit où Nasir Djung avait été défait, Duplex, suivant la coutume indienne, fit fonder une ville pour perpétuer le souvenir de cette victoire ; la ville s'appela : *Duplex-Futehabad.* « La ville de la victoire de Duplex ! » Il éleva une colonne sur les faces de laquelle quatre inscriptions en quatre langues différentes proclamaient le souvenir de cette gloire française. Des médailles furent frappées et mises sous les fondations de cet édifice colossal.

Les vainqueurs entrèrent à Pondichéry avec le trésor de Nasir Djung estimé à 75 millions ; des fêtes superbes furent données (1).

Au son des cloches, au bruit des salves de l'artillerie et des instruments guerriers, le cortège fit son entrée.

Il était composé de nombreux cavaliers, épée nue à la main, de cinq mille lanciers, arbalétriers, de huit cents chameaux chargés de fusées. Puis une infinité de drapeaux, d'oriflammes, symboles des dignités des grands officiers de l'Inde.

Duplex était dans un palanquin précédé de soixante dragons français et suivi de cinq cents cavaliers ; à son côté, flottaient douze étendards blancs, chargés d'un soleil d'or. A sa gauche, Chanda Saïb dans un autre palanquin ayant à sa droite huit étendards verts rehaussés d'un soleil d'or.

Enfin Mirzapha Djung suivait, monté sur un éléphant gigantesque et splendidement orné, escorté de dix mille cavaliers aux costumes variés et étincelants.

Un magnifique trône avait été élevé ; Mosuffer prenant le pas sur Duplex, lui présente l'aumône de vingt-et-une pièces d'or en le saluant du titre de soubahdar, puis il se jette dans les bras de Duplex qu'il fait asseoir auprès de lui, déclarant publiquement, que ses désirs seraient pour lui des lois.

(1) J'ai trouvé le récit de ces fêtes dans l'excellente brochure publiée par M. Deloffre, de Landrecies, un des promoteurs de la souscription pour élever une statue à Duplex.

Mosuffer lui donne en présents une cabaye, robe tissée d'or et de soie, une ceinture brodée en or, une magnifique toque surmontée d'un bouquet d'aigrettes d'or, garnies de diamants.

Duplex revêt ce costume indien, auquel il ajoute la rondache ou poignard maure.

Mosuffer revêt l'habit, l'armure de Duplex.

Parmi les prérogatives données à Duplex, il obtint celle de frapper monnaie, le droit d'avoir un poisson sur ses étendards, faveur réservée aux plus grands princes indiens.

Chanda Saïb nous céda la forteresse de Valdaour qui fortifiait notre position de Pondichéry. Il fit don aux troupes d'une gratification de un million cent cinquante mille livres.

Mosuffer s'acquitta auprès de Duplex de la délicate mission dont l'empereur de Delhi l'avait chargé et qui consistait à demander la main de sa belle-fille (Mlle Vincent, fille du premier mariage de Mme Duplex.)

La différence de religion rendit cette union impossible ; mais cette démarche témoigne du renom de Duplex dans l'empire indien.

Le prince nommait Duplex nabab de l'Inde entre le Cap Comorin et Kristnah ! c'était un empire de deux cents lieues de longueur sur trente à quarante de largeur, comptant plus de trente millions d'âmes.

On a injustement reproché à Duplex d'avoir eu un orgueil excessif à propos de ces fêtes. Il faut peu connaitre le pays de l'Inde pour ne pas comprendre combien Duplex était adroit politique en se conformant aux usages indiens et en flattant ce peuple dans son goût du merveilleux.

C'est à cette époque qu'il écrivait à la Compagnie des Indes : « S'il vous faisait plaisir de vous emparer du royaume » de Tanjaour, rien ne serait plus facile ; ses revenus sont de

» 15 millions. Quand vous le voudrez vous en serez posses-
» seurs ! »

Duplex pense à consolider cette domination que les Anglais considèrent avec stupeur et jalousie.

Bussy, confident de Duplex, part pour le Decan où les puissantes et belliqueuses tribus des Mahrattes s'agitaient; cette expédition couronnée par le succès nécessita néanmoins un temps précieux, pendant lequel les Anglais mirent tout en œuvre pour nous combattre.

Quoique nous fussions en paix avec eux, ils entament des négociations avec Mohammed-Ali qui toujours enfermé et assiégé dans Trichinapali, voyait ses ressources chaque jour s'épuisant. Le marquis d'Auteuil, officier perclus de rhumatismes, ne pouvait imprimer à l'action militaire la vigueur que réclamait Duplex.

A Valcanda, les Français rencontrèrent les Anglais; il n'y eut, à proprement parler, aucun combat, ces derniers, par peur, ayant pris la fuite, allèrent s'enfermer dans la forteresse de Trichinapali.

Duplex ordonne au marquis d'Auteuil d'en faire l'assaut; celui-ci, par ses lenteurs, se fait révoquer de son commandement et Duplex confie à l'Irlandais Law, la direction de la petite armée assiégeante.

La veille de l'assaut, un soldat de fortune, l'Anglais Clive, parvient à ravitallier la place et à conquérir une célébrité qui devait nous être préjudiciable.

Ce premier succès obtenu, Clive comprend qu'une diversion est nécessaire, il attaque Arcot, la capitale de notre allié Chanda Saïb. Cette ville est prise. Duplex l'y fait assiéger à son tour; Clive y subit un siège de 50 jours.

A quelque temps de là, 3,000 français avec Chanda Saïb durent capituler dans l'île de Seringham.

Chanda Saïb, notre allié, à qui les Anglais avaient promis la vie sauve, fut traduit devant un Conseil de guerre qui, au mépris de la parole donnée, le condamna à mort. Et à ce propos, le chef des Mahrates, allié des Anglais, refusa, indigné, d'assister à ce semblant de Conseil de guerre; il est vrai que l'Indien est sauvage et que l'Anglais est civilisé; il a même progressé depuis, il met la tète à prix !

A cette époque et déjà quelque temps auparavant, la correspondance de la Compagnie des Indes avec Duplex était devenue difficile ; on acceptait bien tous ses succès, on ne lui pardonnait ni les revers, ni les lenteurs, et soit que les ressources fussent épuisées par des répartitions prématurées dans lesquelles ses membres ne s'oubliaient pas, s'ils oubliaient les efforts héroïques de ce fils éminent de la France, l'argent vint à manquer. Duplex, obstiné à sa grande œuvre, inconcevable par son opiniâtreté, relevait quand même le drapeau français !

Il engagea toute sa fortune personnelle, et de nouvelles troupes, dernier effort créé par ses mains à l'aide de ses propres ressources, se mettent bientôt en marche ; cette poignée de soldats est grossie par l'arrivée du contingent annuel de la Compagnie.

Habile à profiter des divisions, il sait se servir et exploiter un malentendu survenu entre les Anglais et Mohammed-Ali. Un an après le désastre de Seringham, il avait repris Arcot, il met le siège pour la septième fois devant Trichinapali, les ouvrages extérieurs sont enlevés. Une malheureuse surprise la nuit ne permit pas d'achever cette victoire; le siège fut continué et la ville bloquée de plus près.

Pourtant, d'un autre côté dans le Decan, le marquis de Bussy s'était emparé d'Aurengabad à 500 lieues de Pondichéry ; il avait réussi au delà de toutes les espérances, puisque la Cour de l'empereur de Delhi, ce grand centre politique et religieux, effrayée, lui envoyait une ambassade, renouvelant et confirmant tous les pouvoirs de Duplex en le nommant nabab Azary.

Les choses en étaient là, leur examen faisait prévoir un retour certain de la fortune, quand les boutiquiers de la Compagnie des Indes songèrent à le révoquer, voyant que Duplex ne tenait aucun compte de leurs remontrances — on se demande comment il eut pu en tenir compte — lui qui voyait par dessus l'horizon de régie mercantile, lui qui répondait fièrement à la dernière lettre de la Compagnie :

« Que maintenant le roi seul avait le droit de juger sa conduite ! »

Hélas ! ce roi était Louis XV et c'était une prostituée qui régnait : la Pompadour !

La France entraînée aux guerres d'Allemagne par son gouvernement, devait y perdre les Indes et comme triste pendant le Canada, cette terre toujours française où s'illustra le grand Montcalm, et dont j'espère un autre jour faire revivre devant vous la glorieuse mémoire !

Pour complaire à l'Angleterre, le ministère accomplit la lâcheté de céder à la Compagnie, et de signer l'ordre de rappel de Duplex.

La Compagnie envoya un nommé Godeheu, ancien ami de Duplex, portant comme instruction formelle la déposition et au besoin l'arrestation de Duplex, et pour donner une sanction à cette décision on lui adjoignit 2,000 hommes.

On n'en avait jamais autant adressé à Duplex pour conquérir les Indes !

A l'arrivée de Godeheu, en rade de Pondichéry (2 août 1754), Duplex s'empresse de se rendre au devant de lui, il lui offre l'hospitalité de sa maison, Godeheu refuse avec une froideur hautaine, préférant attendre sur son vaisseau que les appartements somptueux qu'il se fait aménager soient prêts. Puis quand il est débarqué, il convoque le Conseil supérieur au palais du Gouvernement et lit au milieu d'un profond silence l'ordre du roi révoquant Duplex.

Celui-ci courbait la tête, mais la relevant et debout, le bras tendu, d'une voix vibrante, il crie : Vive le Roi ! ce qui, à cette époque, était le cri patriotique.

Ce coup terrible fut le plus cruel qui put le frapper ; à la veille de couronner l'œuvre où sa vie, sa fortune tout entière avaient été dépensées, on le congédiait ; ce contingent, cet appareil militaire, c'était moins pour chasser l'Anglais de l'Inde, que pour l'en chasser lui-même. N'avait-il pas donné assez ? Pouvait-il faire plus ?

On dit qu'il eut un moment la pensée de résister et l'on se demande ce qui serait arrivé si Duplex eut refusé d'obéir.

Mais ce serviteur de la France valait mieux que ses maîtres, il sut obéir quand eux ne savaient pas commander.

Il remit la direction des affaires à Godeheu, et tel était son ardent patriotisme, qu'il prie, qu'il supplie Godeheu d'être le continuateur de sa politique ; il lui montre Trichinapali, assiégé depuis de longs mois par nos troupes, il le presse de prendre cette forteresse.

Godeheu n'écoute rien et sur ces entrefaites, les Anglais ravitaillent la place; il adresse à la Compagnie un long rapport où il calomnie Duplex en disant qu'il a trouvé les affaires de la Compagnie dans le plus triste état d'abandon, qu'il n'y avait rien au Trésor (on se demande l'explication d'une pareille phrase ! Duplex étant le banquier de la Compagnie.)

Godeheu, du reste, était peu scrupuleux; son journal privé est un tissu d'infamies haineuses à l'adresse de Duplex. Son œuvre néfaste s'attache bientôt à le ruiner ; il touche, en son lieu et place, les revenus des impôts des districts hypothéqués par Duplex.

Bientôt, l'ancien maître des Indes en est réduit à solliciter de son ennemi un emprunt de cinquante mille roupies pour ne pas quitter l'Inde en banqueroutier et pour assurer les frais de son voyage, de sa famille et des amis qui n'hésitèrent pas à l'accompagner pour obtenir justice du souverain.

Je passe sur les larmes qui coulèrent de ses yeux quand la terre indienne, qu'il ne devait plus revoir, disparut à ses regards et où il avait accompli des actions si grandes, si merveilleuses, que l'on n'y peut croire à peine, seul artisan de cette œuvre gigantesque que l'affolement d'une cour efféminée et corrompue, brisait dans la démence de la paix à tout prix !

Le navire *Le Duc d'Orléans* qui le ramena en France, débarqua à Lorient. Lorient était un port organique créé par la Compagnie des Indes, et lui appartenant, son nom devrait s'écrire L'Orient (ce fut le premier chantier de la Compagnie) ; en 1764, la Compagnie des Indes, après sa faillite, rétrocéda au roi ce port ainsi que les îles de France et Bourbon.

La chaise de poste qui l'amena à Paris fut l'objet de la plus vive curiosité, Duplex dans une lettre en a fait la remarque en disant : « On nous prend pour des animaux curieux. »

Un accueil flatteur fut fait à Duplex à son arrivée à Paris; la Pompadour se fit présenter Mme Duplex qu'elle daigna trouver charmante ! Mais tout cela était de l'eau bénite de cour. De curieux, il devint gênant, comment en aurait-il été autrement?

N'était-il pas une vivante protestation contre la décadence des hommes de son époque. Son malheur fut de juger les hommes de la Cour comme ils auraient dû être ; hardis, énergiques, et de ne pas les avoir vus tels qu'ils étaient : pusillanimes et vicieux.

Oh ! cette époque, maudissons-là, c'était la défaillance du devoir !

Duplex présenta son mémoire de réclamations, il se

montait à la somme de treize millions. Les directeurs refusèrent de l'examiner, parce que ce compte n'avait pas été apuré par le Conseil de Pondichéry et ce qui met le comble à cette iniquité, c'est que Godeheu s'était refusé à cette formalité.

Les directeurs lui disaient : « Vous n'avez pas d'arrêté » de compte, donc vous n'avez pas d'action, donc vous êtes » non recevable dans votre demande. »

Duplex en était réduit à vivre sur l'argent réalisé d'une ferme de Normandie, et ses ennemis le raillèrent dans la pauvreté, comme ils l'avaient insulté dans la gloire !

La santé de Mme Duplex, cette enfant de l'Inde, ne put résister au climat froid de la France : elle écrivit quelques jours avant sa mort (9 novembre 1756) une lettre touchante au contrôleur général, lui demandant dans un appel au droit, la satisfaction d'emporter au moins dans la tombe, la consolante promesse que prochaine justice serait faite à son mari.

Duplex vécut encore pendant sept années dans l'indigence, la misère; poursuivi par une meute de créanciers, il sollicite du roi un secours pour éviter la contrainte par corps :

« Je meurs de faim, écrivait-il, au milieu d'une fortune » considérable, acquise par un patrimoine honnête et 34 ans » de service à mon pays. De malheureux amis, des citoyens » vertueux consacrèrent tous leurs biens pour faire réussir » mes projets. Ils sont maintenant dans la misère. Je me » soumets à toutes les formes judiciaires. Je demande comme » le dernier des créanciers ce qui m'est dû. Mes services sont » des fables, ma demande est ridicule, je suis traité comme » le plus vil des hommes. Je suis dans la plus déplorable » indigence, le peu de bien qui me reste est saisi, j'ai été » obligé d'obtenir des arrêts de surséance pour ne pas être » traîné en prison. »

Malade à son tour, ce n'était pas assez pour ses ennemis

de l'avoir insulté dans sa gloire et raillé dans sa pauvreté, on lui fit l'injure dernière de dire qu'il simulait la maladie pour exciter la pitié, c'est à peine si ses ignobles détracteurs lui reconnurent le droit de mourir !

Duplex mourut le 10 novembre 1763, rue Neuve-des-Capucines, à quelques pas de l'insolent palais de la Compagnie des Indes. Son dernier souffle de mourant fut encore une protestation.

Ainsi a vécu, ainsi est mort ce héros français dans le martyre de l'indigence. Pas une voix vengeresse ne s'est élevée pour demander une éclatante réparation qui soit le flagellement de cette époque maudite.

Oh ! s'il fallait encore une raison de plus, elle serait là, pour faire comprendre et applaudir l'avènement et l'œuvre de la Révolution française, qui devait balayer cette boue qu'on appelait la cour de Louis XV.

Pourquoi la France a-t-elle attendu si longtemps pour ce qui devait être plus qu'une œuvre de glorification, une œuvre de réparation nationale : l'érection d'une statue de Duplex dans son pays natal ?

Peut-être qu'un jour en visitant cette petite ville de Landrecies, un Français à l'âme vaillante, contemplant ce héros sentira son cœur battre d'enthousiasme et rêvera d'accomplir une œuvre semblable avec des résultats plus heureux ! Préservons de l'oubli nos gloires véritables ; l'exemple est le plus puissant des enseignements ; dans le bronze il y a comme un écho de mâle courage !

Les Anglais, plus justes envers les leurs, consacrent une page d'histoire à tous leurs gouverneurs des Indes, à ceux qui ont été glorieux, à ceux même qui ne l'ont pas été ; chez nous les rares auteurs qui ont écrit sur ce pays l'ont fait sans chaleur, comme si cette terre n'avait pas bu le sang français ! comme si les Anglais avaient tout créé, eux qui ont copié tout le système colonial de Duplex.

En France, on ne tient pas assez compte des dévoue-
ments humbles et désintéressés.

Pourquoi resterions-nous indifférents à l'égard de ces
français intrépides qui maintenant encore, se donnant une
tâche plus modeste, mais non moins périlleuse, travaillent
à la gloire de leur pays ?

Encourageons nos vaillants explorateurs.

Même, après les désastres coloniaux du règne de
Louis XV, le gouvernement de Louis XVI fit dresser par
ses agents le plan de la haute et basse Egypte ; ce furent
les premiers efforts vers un but grandiose qui consistait en
s'en rendant maitre, à rouvrir l'ancien canal des Ptolémées,
cette route des Indes par la Méditerranée, la Mer Rouge,
en portant un coup terrible à la puissance anglaise.

La première République ne craignit pas, elle, d'être
l'héritière de ce projet hardi de la Monarchie ; elle adjoignit
à notre corps expéditionnaire un contingent de savants
chargés d'étudier les productions de l'Egypte. Vers la fin
de novembre 1798, 1,500 hommes prirent Suez ; le général
en chef fit entreprendre des fouilles sous la direction de
Peyre, ingénieur en chef des ponts et chaussées. Il décou-
vrit l'ancien canal des Ptolémées, dont il traça le cours
pendant quatre lieues ; des travaux avec des dispositions
convenables au commerce furent commencés.

L'échec de la campagne d'Egypte fit tout abandonner ;
cette œuvre était réservée à notre époque, grâce à la persé-
vérante énergie de M. Ferdinand de Lesseps.

Les Anglais avec la suite d'esprit qui les caractérise dans
leurs entreprises et la haine qu'ils nous portent, ont mis la
main sur l'Egypte et le canal de Suez, agrandissant encore
leur empire colonial qui faisait pourtant déjà dire à l'abbé
Roubaud au siècle dernier :

« L'Angleterre a le corps d'un moineau qui aurait les
ailes d'un aigle ! »

Qu'importe, il faut qu'on sache que ce fatal traité de 1783, portait que les districts de Villenour et de Bahour et 35 aldées seraient rendus à la France pour servir d'arrondissement à Pondichéry.

On nous a rendu Villenour et Bahour moins les 35 aldées ou villages environnants, ce qui fait que Pondichéry n'a que deux lieues au nord et une lieue au sud, et que nous n'avons que le droit d'avoir un fossé pour l'écoulement des eaux.

Les traités de 1815, malgré les protestations de nos plénipotentiaires, ont laissé les choses en cet état. Les Anglais ont donc violé ce traité et rien ne doit être périmé dans la mémoire de ceux qui ont le souci de la grandeur de leur pays.

Qui sait, entre mille hypothèses — ceci est une simple supposition — si dans le choc inévitable qui se produira un jour en Asie, entre l'Angleterre et la Russie, la France étant au Tonkin, c'est-à-dire aux portes des Indes, notre diplomatie ne saurait profiter de la violation par l'Angleterre du traité de 1783 et restaurer l'ancien empire du Carnatic et du Decan, que l'incurie du gouvernement de Louis XV et la fourberie anglaise nous ont contraints d'évacuer !

Et maintenant si l'histoire est justement sévère pour le règne d'humiliation de Louis XV, est-ce trop demander que le renouvellement nous en soit épargné ?

Que veulent dire ces défaillances de l'heure présente ?

Est-ce le rôle, est-ce le devoir d'égarer ainsi la démocratie ?

Mais il ne sortira de ma bouche aucune parole amère et je veux rester sur une pensée d'union, persuadé que ceux qui aiment sincèrement leur pays veulent sa gloire et sa suprématie.

Et puisque je suis entrainé à vous dire ces choses, laissez-moi compléter ma pensée ; vous en excuserez la rudesse, peut-être devrais-je dire la brutalité, en raison de ma conviction sincère.

C'est pour moi un Credo absolu que les peuples grands et petits, subissent la loi générale de la vie terrestre qui veut que le gros fatalement dévore le petit.

Le droit à la vie et à l'indépendance pour le faible n'existe que par la tolérance du fort.

Qu'il soit triste de convenir que la force est au-dessus du droit, il serait invraisemblable de le nier !

Le droit n'est qu'un mot s'il n'a pour sanction immédiate, la force !

Qu'importerait même le droit s'il n'était dans sa lettre morte, l'aiguillon à l'espérance des vaincus pour les pousser, les pousser toujours à se refaire de blessés et vaincus, forts, plus forts encore, et jamais trop formidables !...

On peut rêver un idéal où la Justice présidera aux destinées des nations et dans cette vision éthérée voir les peuples frères, unis dans une éternelle concorde.

Pour moi, je ne crois pas à ce brillant mirage, je m'en défie!

La paix universelle est une utopie rêvée par les amants de l'humanité ; c'est un songe au réveil terrible. *Malheur à ceux qui s'endorment !*

Nous sommes d'ailleurs un peuple de vaincus, de mutilés, de spoliés ! Nous devons être des révoltés !

L'unité du territoire qui n'était pas terminée s'est défaite. Nos plus belles colonies sont entre les mains de nos ennemis héréditaires les Anglais. L'Alsace et la Lorraine sont aux mains des Allemands !

Eh bien ! n'ayons pour pensée constante que la réfection matérielle de nos forces militaires. Que ce soit le souci du matin, le souci du soir, le souci de tous et de chacun !

Qu'à ce travail de tous les jours, de tous les moments, il n'y ait ni impatience, ni lassitude !

Faire des hommes, des soldats, forger des armes, toujours, encore !!!

. Ne perdons jamais de vue que nous devons chérir la Patrie pour ceux que l'ignorance et l'égoïsme ont fait mauvais fils et qui ne la comprenant pas, ne peuvent l'aimer comme ils sont incapables de la défendre ;

Que le temps du service terminé, nous devons ne pas oublier cette famille militaire qui est le régiment et que nous rejoindrons le jour où coude à coude, botte à botte, joyeux dans une discipline implacable, nous marcherons à l'ennemi.

Reims, Imprimerie MATOT-BRAINE, rue du Cadran-Saint-Pierre, 6.

www.ingramcontent.com/pod-product-compliance
Lightning Source LLC
LaVergne TN
LVHW050321030726
842520LV00005B/1711